Decembre 1625

EDICT DV ROY,

Portant suppression de l'Edict de creation des Cent Offices de Secretaires de la Chambre de sa Maiesté: Et creation de Trente-deux Offices de Greffiers des Commissions Extraordinaires.

Verifié en la Chambre des comptes.

OVYS PAR LA
grace de Dieu, Roy de
France, & de Nauarre:
A tous presens, & adue-
nir, salut. La confusion
aduenuë au faict & exer-
cice des charges de Greffiers des Commissions extraordinaires, esmanées de
nostre grand Sceau, & les dificultez d'a-
uoir la cognoissince de l'execution desdites Commissions, tant du regne du feu
Roy nostre tres-honoré seigneur & pere
[que Dieu absolue] que depuis nostre ad-
uenement à ceste Couronne, pour les
rachapts de plusieurs parts & portions
de nostre domaine, offices & droicts hereditaires, ventes, reuentes, & alliena-

tions de noſtredit Domaine , & droiĉts
depuis par nous ordonnez , Nous auoit
faiĉt reſoudre , auec le deſir de receuoir
quelque notable ſomme de deniers en la
neceſſité de nos affaires, de creer & eriger
en tiltre d'office par noſtre Ediĉt du mois
d'Octobre mil ſix cens treize, iuſques au
nombre de cent ſecretaires ordinaires
de noſtre Chambre , auec la qualité de
nos Conſeillers , aux gages de quatre
cens liures chacun par an, reuenant pour
le tout à quarante mil liures : & faculté
d'exercer priuatiuement à tous autres les
charges & places de Greffiers en toutes
les Commiſſions extraordinaires expe-
diees ſouz noſtre grand Sceau pour nos
affaires & ſeruice : meſmes pour execution de nos Ediĉts & ordonnances, Arreſts de noſtre Conſeil, ou autrement, &
iouyr des droiĉts y appartenans : A la
charge d'aſſiſter les Commiſſaires qui

feroient pour ce deputez : tenir bons &
fidels regiſtres , & garder les papiers &
minuttes deſdites Commiſſions, pour y
auoir recours ſi beſoin eſtoit : Lequel
Edict a eſté regiſtré en noſtre Chambre
des Comptes à Paris le ſeizieſme dudit
mois d'Octobre, & en noſtre Cour des
Aydes le vingt troiſieſme Decembre en-
ſuiuant. Et ayant conſideré que ſi leſdi-
tes fonctions eſtoient diſpercées en ſi
grand nombre de perſonnes, nous tom-
berions au meſme deſordre que nous
auions voulu eſuiter. D'ailleurs que de
Honnér l'entrée de noſtre Chambre, en
qualité de Secretaire ordinaire d'icelle,
par Edict, & à tant de gens non qualifiez,
c'eſtoit choſe non encores vſitée : & que
l'vn & l'autre deſpendant nuement de
noſtre volonté , nous ne deuions la re-
traindre par vn Edict , contre lequel
nous ne pourrions plus agir, ny noſdits

succeſſeurs, qu'en rompant en quelque
ſorte la foy publique : nous auons iugé
raiſonnable de reuoquer noſtredit Edit,
eſteindre & ſupprimer tous leſdits offices. Et pour ce qu'il importe au bien de
nos affaires & ſeruice : & pour eſuiter à
la confuſion, & aux dificultez du paſſé,
d'auoir certaines perſonnes pour vaquer
à l'exercice deſdites Commiſſions extraordinaires, de nous contenter d'eſtablir
Trente-deux Greffiers deſdites Commiſſions extraordinaires, & mettre en la
fonction & exercice deſdites charges vn
tel ordre & reiglement que le tout ſoit à
l'aduantage de noſdites affaires, & ſans
preiudicier à l'exercice d'aucun de nos
anciens officiers : SAVOIR Faiſons
Qu'ayant mis cet affaire en deliberation
en noſtre Conſeil, auquel eſtoit la Roy-
ne noſtre tres honorée Dame & Mere
Aucuns Princes de noſtre ſang, officiers

de noſtre Couronne , & principaux de
noſtre dit Conſeil : De leur aduis , & de
noſtre certaine ſcience, plaine puiſſance
& auctorité royalle , Nous auons par le
preſent Edict perpetuel & irreuocable,
Reuocqué, eſteint & ſuprimé, Reuoc-
quons, eſteignons & ſupprimons noſtredit Edict du mois d'Octobre mil ſix cens
treize ; enſemble les cent offices de ſecretaires ordinaires de noſtre Chambre,
creéz par iceluy Edict, & tout ce qui s'eſt
enſuiuy en execution dudit Edict : ſans
que pour quelque cauſe & conſidera-
tion que ce ſoit leſdits offices puiſſent cy
apres eſtre reſtablis. Et pour reſtablir vn
ordre certain & vtil au bien de nos affaires & ſeruice en l'exercice des places
de Greffiers des Commiſſions extraordinaires , ſoit pour rachapts de parts &
portions de noſtre domaine, Aydes, rentes, offices hereditaires, droicts, & autres

reuenus engagez à faculté de rachat perpetuel ; recherche & reunions des vsur-
pez, ou recellez : Ventes, & reuentes & al-
lienations desdites choses quand le cas y
eschet qui s'executent , s'executeront à
l'aduenir par Commissaires generaux, ou
particuliers, soit de nostre Conseil, Cours
souueraines, qu'autres pour ce regard, en
vertu de nos Lettres patentes , & de nos
successeurs Roys ailleurs qu'en nostre
Conseil : Ensemble les recherches & pa-
yemens de nos droicts de francs fiefs , &
nouueaux acquests. Nous auons par no-
stré present Edict des mesmes pouuoir &
autorité que dessus, Creé & erigé, creons
& érigeons en chef & tiltre d'Office for-
mé, Trente deux charges de Greffiers desdites Commissions extraordinaires, pour
y estre des à present par nous pourueu de
personnes capables , & cy aprés quand
vaccation y escherra : Pour estre lesdites

charges exercées souz les Commissaires
qui seront comme dict est deputez par
nous, & nosdits successeurs, tant en nostre Cour & suitte, qu'en l'estendue de nos
Parlemens, Chambre de nos Comptes,
& Cour de nos Aydes. Pour par les pourueuz desdits Trente deux Offices seruir
en la fonction & exercice de Greffiers
souz lesdits Commissaires generaux, ou
particuliers, & leurs subdeleguez, qui seront nommez & deputez comme dit est,
par lesdites Commissions extraordinaires émanées de nostre grand Sceau, pour
proceder ausdits rachats & rembourcemens des parts & portions de nostredict
Domaine de quelque nature & qualité
que ce soit, Aydes, rentes assignées sur
nos deniers & receptes, offices, droicts &
reuenus Domaniaux, ou hereditaires,
creéz & establis, ou à créer & establir:
recherches & reunions desdites choses

vſurpées ſur nous , ou recellées ; francs
fiefs & nouueaux acqueſts:enſemble à la
vente , reuente , allienation , & engage-
ment de toutes les choſes ſuſdites , ou
parties d'icelles lors qu'il eſcherra, & ſera procedé comme dict eſt ailleurs qu'en
noſtredit Conſeil: En fin de l'execution
de chacune deſquelles Commiſſions, &
dans ſix ſepmaines apres , leſdits Greffiers ſeront ténus de mettre és mains du
ſecretaire de noſtredit Conſeil , lors en
quartier,vn procez verbal, ou regiſtre de
tout ce qui aura eſté executé à cauſe de
ladite Commiſſion,qui ſera ſigné & cer-
tifié par les Commiſſaires,& contreſigné
du Greffier qui aura vaqué à l'exercice du
Greffe ſouz leſdits Commiſſaires, dont
ſera deſliuré acte par ledit ſecretaire
pour ſeruir auſdits Commiſſaires , &
Greffiers lors que taxe leur ſera faicte en
noſtredit Conſeil de leurs iournées &

vaccations , & cahier de fraiz des escritures : Et icelles Commissions acheuées & finies , ne pourront lesdits Greffiers signer aucun acte despendant du faict de ladite Commission qui nous puisse charger. Voulons pour ce regard que tous actes demeurent finis & acheuez : dans toutes lesquelles Commissions l'vn desdits Greffiers sera nommé , sans qu'autre s'y puisse immiscer ny entremettre , ny les Commissaires en prendre & appeller d'autres pour l'exercice dudit Greffe , à peine de faux, nullité de toutes expeditions , & de tous les despens , dommages & interests desdits Greffiers. Et pour le temps de l'exercice desdites charges , les pourueuz desdits Offices en conuiendront ensemblement : remettant à eux l'ordre qu'ils auront à tenir pour ce regard : mesmes de subdeleguer des Clercs en leur lieu selon

qu'ils verront estre necessaire : A chacun desquels Offices nous auons attribué
& octroyé , attribuons & octroyons
mil liures tournois de gages par an , re-
uenans pour tous à Trente deux mil liures, au lieu de quarante mil liures que
montoient tous les gages attribuez aufdits Cent Secretaires de nostredicte
Chambre, créez par nostredit Edict du
mois d'Octobre mil six cens treize , &
supprimez par le present Edict. Et ou-
tre voulons qu'ils iouyssent des mesmes
droicts & esmolumens qu'ont iouy ceux
qui ont exercé, & exercent encores à present les Greffes de nos Commissions extraordinaires pour leurs vaccations,
voyages, escritures, expeditions de con-
tracts, actes d'adiudications, ordonnances de rembourcemens , & autres
actes dont ils seront payez, suiuant les
reglemens de nostre Conseil : Lesquels

gages defdits Greffiers demeureront affi-
gnez fur le reuenu general de nos Gabelles de France: A commancer du pre-
mier iour de Ianuier prochain , ainfi
qu'eftoient lefdits Quarante mil liures
de gages defdits cent ecretaires de noftre Chambre. Et à cefte fin feront iceux
employez és Eftats de nofdites Gabelles
de la generalité de Paris , Pour eftre lefdits gages payez aux pourueuz defdits
offices par les Fermiers defdites Gabelles
fur leurs fimples quittances efgallemenr,
par les quatre quartiers de l'année. Et
d'autant que l'exercice defdits gages eft
plain de labeur & trauail, & qu'il con-
uiendra aufdits Greffiers fe tranfporter
en diuerfes Prouinces de noftre Royaume pour vacquer audit exercice , Nous
octroyons & permettons à ceux qui feront pourueuz & receuz aufdits offices,
de les tenir & poffeder , & les refigner à

condition de ſuruiuance , ainſi qu'il a
eſté par nous octroyé à noſdits Secretaires , & de la Maiſon & Couronne
de France : En payant à cauſe de ce en
nos parties Caſuelles la ſomme par
nous ordonnée. Et au cas que les pourueuz deſdits offices de Greffiers ſe treu-
uent auſſi pourueuz, ou ſe faſſent pour-
uoir par apres d'offices de l'vn de
noſdits Secretaires , Maiſon & Couronne de France ; Leur permettons &
octroyons de tenir leſdits offices de Secretaires auec ladite condition de ſuruiuance , En finançeant en nos parties
Caſuelles pareille ſomme que celle payée
pour iouyr de ladite ſuruiuance par
les autres Secretaires des Colleges deſ-
quels ſeront leſdits offices. Et moyen-
nant la preſente creation, Nous auons
reuoqué & reuoquons toutes Commiſſions expediées, & à expedier à quelque

perſonne que ce ſoit pour exercer leſ-
dites charges de Greffiers ſouz les
Commiſſaires deputez pour la vente,
reuente , & allienation de noſtre Domaine, Greffes, Clercs, Pariſis d'iceux,
Sceaux , Tabellionnages , Preſenta-
tions, Doublemens, Offices , Droicts,
& reuenus hereditaires ; Recherches de
nos droicts domaniaux recelez ou vſur-
pez, Francs fiefs & nouueaux acqueſts,
tant en noſtredite Cour & ſuitte , que
noſtredite ville de Paris, & autres lieux
de noſtre Royaume. VOVLONS que
leſdits Greffiers , ou leurs Commis auſdits Greffes , remettent tous les papiers
d'icelles Commiſſions és mains des
pourueuz deſdits offices dans vn mois
du iour qu'ils en auront eſté requis , ſi-
non ceux qu'ils auront mis és mains des
ſecretaires de noſtredit Conſeil : & en
cas de reffus ou delay, ils ȳ ſeront con-

trainéts ledit temps passé par les voyes ordinaires & accoustumées pour nos affaires , nonobstant oppositions , ou appellations quelconques , & sans pre- iudice d'icelles ; dont si aucunes inter- uiennent , nous aurons retenu & reserué à nous , & à nostre Conseil la cognois- sance , & icelle interdite à tous nos au- tres Iuges. Et d'autant que nous auions cy deuant creé quatre offices de Gref- fiers desdites Commissions extraordi- naires , par nostre Edict du mois de Mars mil six cens vingt quatre : & de- puis par autre Edict du mois d'Aoust dernier , attribué & vny la fonction & exercice des Greffes desdites Commis- sions aux offices des Cinq Colleges de nos Secretaires, Maison & Couronne de France ; Lesquels Edicts nous ne voulons ny entendons subsister pour l'aduenir , Nous auons par cesdites pre-

sentes

fentes, reuocqué & reuoquons nofdits
Edicts pour toufiours, fans que lefdits
Secretaires, ny autres s'en puiffent pre-
ualloir en aucune forte & maniere que
ce foit, Nonobftant la publication fai-
te d'iceux en noftre grande Chancellerie : Et regiftrement és Regiftres de
l'Audiance de France, que nous auons
reuocquez.

SI DONNONS EN MANDEMENT
A noftre tres-cher & feal le fieur Hali-
gre Cheualier, Chancelier de France,
& de Nauarre, De faire lire & publier
noftre prefent Edict en noftre grande
Chancellerie, le Sceau tenant : iceluy
faire regiftrer és Regiftres de l'Audiance de France, Par nos amez & feaux les
grands Audianciers, & Controlleurs
generaux de ladite Audiance, & le faire
garder, entretenir & obferuer felon fa
forme & teneur, fans permettre qu'il y

foit contreuenu. Et á nos amez & feaux
Conſeillers les gens de nos Comptes à
Paris, De faire auſſi lire, publier & re-
giſtrer noſtredit Edict, & du contenu
en iceluy faire iouyr & vſer, & en laiſſer
iouyr & vſer les pourueuz deſdits Trente deux offices de Greffiers, leurs Clercs,
& Commis, & tous autres qu'il appar-
tiendra, ſans aucun trouble ny empeſ-
chement, nonobſtant oppoſitions, ou
appellations quelconques, pour leſ-
quelles, & ſans preiudice d'icelles ne
voulons eſtre differé : & dont ſi aucunes interuiennent nous auons retenu
& reſerué la cognoiſſance à noſtre perſonne, & á noſtre Conſeil, & icelle interdite à tous autres Iuges quelconques : nonobſtant auſſi tous Edicts, ordonnances, Arreſts, & Declarations
au contraire : Auſquelles, & à la deſro-
gatoire des deſrogatoires y contenues,

nous auons desrogé & desrogeons. Et
à fin que ce soit chose ferme & stable à
tousiours , nous auons faict mettre &
apposer nostre Scel à cesdites presentes,
sauf en autre chose nostre droict , &
l'autruy en toutes. DONNE' à Paris au
mois de Decembre, l'an de grace mil six
cens vingt cinq : Et de nostre regne le
seizielme.

Signé, LOVYS.

¶ Et plus bas:

Par le Roy.

DELOMENIE.

Et à costé:

Leu , publié, & Registré en la Chambre
des Comptes : Ouy le Procureur general du

Roy, par le commandement de sa Maiesté,
porté par Monseigneur son Frere, venu ex-
près en ladite Chambre, assisté des sieurs
Mareschal Dornano, de Champigny, &
de Leon, Conseillers en ses Conseils d'Estat,
& Priué, Sans auoir esgard aux oppositions des Secretaires, pour lesquelles ils se
retireront pardeuers le Roy en son Conseil,
pour leur estre faict droict ainsi que de rai-
son, le sixiesme iour de Mars mil six cens
vingt six.

Signé, BOVRLON.

Leu, & publié le Sceau tenant, de l'or-
donnance de Monseigneur le Chancelier,
& registré és registres de l'Audiance de
France: & acte de l'opposition formée par
les Secretaires du Roy, parmoy Conseiller
de sa Maiesté en ses Conseils d'Estat, &
Priué, Secretaire, & grand Audiancier de

France, A Fontainebleau ce vingt-troisief-
me Auril mil six cens vingt six.
Signé, DESPORTES.

Collationné à l'original, par moy Conseiller,
Secretaire du Roy, & de ses Finances.